Pequeñas Estrellas

La natación de las pequeñas estrellas

Un libro de El Semillero de Crabtree

Taylor Farley y Pablo de la Vega

CRABTREE
PUBLISHING COMPANY
WWW.CRABTREEBOOKS.COM

Me encanta nadar.

Tomo clases de natación cada semana.

Practicamos haciendo burbujas en el agua.

Damos patadas con las piernas.

Algunos usamos
gafas de natación.

Algunos usamos **flotadores**.

Yo uso una **tabla de nadar** para ayudarme a practicar.

Aprendemos diferentes tipos de **brazadas**.

Nuestra **instructora** nos ayuda y nos cuida.

¡Nadar es muy divertido!

Glosario

brazadas: Las brazadas son movimientos que hacen los nadadores con sus brazos para moverse en el agua.

flotadores: Los flotadores están llenos de aire, y quienes están aprendiendo a nadar se los colocan en los brazos.

gafas de natación: Las gafas de natación son unos tipos de anteojos especiales que protegen tus ojos.

instructora: Una instructora es una maestra.

practicamos: Practicar es hacer algo una y otra vez para mejorarlo.

tabla de nadar: Una tabla de nadar es una herramienta que ayuda a los nadadores a flotar.

Índice analítico

Apoyos de la escuela a los hogares para cuidadores y maestros

Los libros de El Semillero de Crabtree ayudan a los niños a crecer al permitirles practicar la lectura. Las siguientes son algunas preguntas de guía que ayudan a los lectores a construir sus habilidades de comprensión. Algunas posibles respuestas están incluidas.

Antes de leer:

- **¿De qué piensas que tratará este libro?** Pienso que este libro tratará sobre la natación. Quizá nos diga cómo aprenden a nadar los niños.
- **¿Qué quiero aprender sobre este tema?** Quiero conocer los diferentes estilos de natación.

Durante la lectura:

- **Me pregunto por qué...** Me pregunto por qué los niños practican haciendo burbujas bajo el agua.
- **¿Qué he aprendido hasta ahora?** Aprendí que los nadadores usan diferentes herramientas, como las gafas de natación, los flotadores y las tablas de nadar para ayudarse a moverse en el agua.

Después de leer:

- **¿Qué detalles aprendí de este tema?** Aprendí que los nadadores aprenden diversos tipos de brazadas. Las brazadas son movimientos hechos con los brazos.
- **Lee el libro de nuevo y busca las palabras del vocabulario.** Veo la palabra *practicamos* en la página 6 y la palabra *instructora* en la página 19. Las otras palabras del vocabulario están en las páginas 22 y 23.

Library and Archives Canada Cataloguing in Publication

Title: La natación de las pequeñas estrellas / Taylor Farley y Pablo de la Vega.
Other titles: Little stars swimming. Spanish
Names: Farley, Taylor, author. | Vega, Pablo de la, translator.
Description: Series statement: Pequeñas estrellas | Translation of: Little stars swimming. | Translated by Pablo de la Vega. | "Un libro de el semillero de Crabtree". | Includes index. | Text in Spanish.
Identifiers: Canadiana (print) 20210097825 | Canadiana (ebook) 20210097833 | ISBN 9781427131713 (hardcover) | ISBN 9781427131898 (softcover) | ISBN 9781427132062 (HTML) | ISBN 9781427136145 (read-along ebook)
Subjects: LCSH: Swimming—Juvenile literature.
Classification: LCC GV837.6 .F3718 2021 | DDC j797.2/1—dc23

Library of Congress Cataloging-in-Publication Data

Names: Farley, Taylor, author. | Vega, Pablo de la, translator.
Title: La natación de las pequeñas estrellas / Taylor Farley y Pablo de la Vega.
Other titles: Little stars swimming. Spanish
Description: New York : Crabtree Publishing Company, 2021. | Series: Pequeñas estrellas | "Un libro de El Semillero de Crabtree." | Audience: Ages 5-7 | Audience: Grades K-1 | Summary: "If you think you might like swimming, this book covers some basics skills and equipment for the beginner swimmer"-- Provided by publisher.
Identifiers: LCCN 2020056966 (print) | LCCN 2020056967 (ebook) | ISBN 9781427131713 (hardcover) | ISBN 9781427131898 (paperback) | ISBN 9781427132062 (ebook) | ISBN 9781427136145 (epub)
Subjects: LCSH: Swimming--Juvenile literature.
Classification: LCC GV837.6 .F3718 2021 (print) | LCC GV837.6 (ebook) | DDC 797.2/1--dc23
LC record available at https://lccn.loc.gov/2020056966
LC ebook record available at https://lccn.loc.gov/2020056967

Crabtree Publishing Company
www.crabtreebooks.com 1–800–387–7650

Written by Taylor Farley
Production coordinator and Prepress technician: Samara Parent
Print coordinator: Katherine Berti
Translation to Spanish: Pablo de la Vega
Edition in Spanish: Base Tres

Print book version produced jointly with Blue Door Education in 2021

Printed in the U.S.A./022021/CG20201215

Photo credits: All images © Monkey Business Images - Shutterstock.com, except page 7 © Nic Neish - Shutterstock.com; cover and page 11 © Anton Balazh - Shutterstock.com; page 17 © Radharani - Shutterstock.com; page 21 © Studio 1One - Shutterstock.com; stars illustration on cover and throughout © Casablanka-shutterstock

Published in Canada
Crabtree Publishing
616 Welland Ave.
St. Catharines, Ontario
L2M 5V6

Published in the United States
Crabtree Publishing
347 Fifth Ave.
Suite 1402-145
New York, NY 10016

Published in the United Kingdom
Crabtree Publishing
Maritime House
Basin Road North, Hove
BN41 1WR

Published in Australia
Crabtree Publishing
Unit 3 – 5 Currumbin Court
Capalaba
QLD 4157